Unsere Tiere
Ein Bestimmungsbuch

Einfach gut erklärt von Hanna Sörensen,
mit Bildern von Anne Ebert

CARLSEN

Tiere entdecken und bestimmen

Am Himmel kreist ein Greifvogel, auf dem Baum klettert ein Eichhörnchen, an der Wand sitzt ein Käfer – Tiere sind überall in deiner Umgebung. Manche Tierarten sind leicht zu erkennen, aber bei einigen musst du sehr genau hinsehen, um sie zu bestimmen.

Weibliche Stockente mit Küken

Männliche Stockente

Die Stockente ist die Stammform der Hausente. Der Erpel (= männliche Ente) hat einen grün-glänzenden Kopf und eine braun-rote Brust. Das Gefieder des Weibchens ist braun-grau gesprenkelt.

Schon gewusst?

Tiere hinterlassen Spuren – welche zum Beispiel?

a) Leere Trinkbecher, Notizzettel und Verpackungen
b) Graffiti und Aufkleber
c) Fellreste, Federn, Eier, Nahrungsreste, Fußabdrücke bzw. Fährten

(Lösung: c)

Singvögel

Rabenkrähe

Länge bis 47 cm. Einfarbig schwarzes Gefieder mit gerade abgeschnittenem Schwanzende. Art ist weit verbreitet.

Elster

Länge bis 46 cm. Schwarz-weißes Gefieder mit langem Schwanz, der grünlich schimmert. Mag glitzernde Gegenstände. Ist sehr neugierig. Art ist weit verbreitet.

Eichelhäher

Länge bis 34 cm. Rötlich-graues Gefieder, schwarz-weiß-blau gemusterte Flügelränder, schwarzer Schwanz.

Singvögel

Männchen

Haussperling (Spatz)
Länge bis 15 cm. Weibchen hat grau-braun gefärbtes Gefieder. Männchen hat grauen Scheitel und schwarzen „Schlips“. Lebt stets in der Nähe des Menschen.

Kohlmeise
Länge bis 14 cm. Weiße Wangenflecken im Gesicht. Kopfdecke, Kehle und Brust sind schwarz gefärbt. Flügel grau-blau mit Weiß. Unterseite gelb. Halten sich im Winter gern an Futterstellen auf.

Blaumeise
Länge bis 12 cm, deutlich kleiner als die Kohlmeise. Gesicht weiß mit schwarzem Augenstreifen. Kopfdecke, Flügel und Schwanz sind blau gefärbt. Unterseite gelb. Art ist verbreitet.

Rotkehlchen

Länge bis 14 cm. Gesicht und Brust rot-orange. Große Augen. Weißes Bauchgefieder, olivbrauner Rücken, brauner Schwanz. Art ist geschützt.

Männchen

Amsel

Länge bis 26 cm. Weibchen dunkelbraun, gefleckte Brust und Kehle, mit braunem Schnabel. Männchen schwarz mit orangerotem Schnabel. Schöner Gesang, der sich nicht wiederholt. Art ist geschützt.

Star

Länge bis 22 cm. Winter und Herbst: metallisch glänzendes, braunschwarzes Gefieder. Läuft am Boden. Art ist geschützt.

Vögel am Wasser

Graureiher
Länge bis 90 cm. Graues Gefieder mit dunklen Flügeln und schwarzem Streifen am Kopf. Langer Hals, langer Schnabel und lange Beine. Fängt Fische an Gewässern und Mäuse auf Wiesen. Art ist verbreitet.

Weißstorch
Länge bis 100 cm. Weißes Gefieder, schwarze Schwingen. Roter Schnabel und rote Beine. Klappert mit dem Schnabel. Langsamer Flug. Zugvogel

Höckerschwan
Länge bis 160 cm. Weißes Gefieder mit schwarz-orange-farbenem Schnabel. Art ist verbreitet.

Silbermöwe

Ausgewachsene Silbermöwe

Länge bis 60 cm. Als Jungvogel überwiegend braun, im Alter weißes Gefieder mit grauer Flügeloberfläche. Flügelspitzen schwarz-weiß. Schnabel gelb mit rotem Punkt. Beine immer rosa. Art ist weit verbreitet.

Mantelmöwe

Länge bis 75 cm. Im Alter weißer Kopf und Hals, schwarzer Rücken, schwarze Flügel. Beine immer fleischfarben. Schnabel mit orangefarbenem Fleck. Größte Möwenart.

Lachmöwe

Länge bis 37 cm. Weißer Kopf mit braunem Fleck, im Prachtgefieder (Prachtkleid) dunkler Kopf. Weißer Körper. Flügel grau mit schwarzen Spitzen. Roter Schnabel. Im Alter rote Beine.

Lachmöwe im Winterkleid

Greifvögel

Turmfalke

Länge bis 34 cm. Rotbraunes Gefieder am Rücken. Spitze Flügel. Schlägt Beute (Mäuse und Insekten) im Rüttelflug. Brütet in hohen Gemäuern, auf Felsen und in leeren Krähennestern.

Habicht

Länge bis 58 cm. Gefieder bei Jungvögeln rotbraun, bei den älteren Vögeln graubraun. Am Bauch quergestreift. Männchen sind etwa ein Drittel kleiner als die Weibchen.

Mäusebussard

Länge bis 53 cm.

Gefieder von grau bis braun. Breite Flügel und gefächerter Schwanz. Art ist weit verbreitet.

Eulen

Waldohreule

Länge bis 36 cm. Große, auffällige Federohren. Gelblich-braun gesprenkeltes Gefieder. Rötlich-gelbe Augen. Tiefer Ruf.

Waldkauz

Länge bis 38 cm. Großer, runder Kopf, kräftiger Körper. Grau- oder rotbraunes, gesprenkeltes Gefieder. Dunkle Augen. Art ist weit verbreitet.

Uhu

Länge bis 67 cm. Orangefarbene Augen. Gefieder am Rücken rotbraun mit dunkelbraunen Flecken. Bauch und Brust gelbbraun mit schwarzbraunen Längsstreifen. Größte Eulenart.

Schon gewusst?

Die meisten Eulenarten jagen überwiegend …

a) in der Nacht. b) am Tag. c) gar nicht.

Lösung: a)

Kleine Säugetiere

Hausmaus
Länge Kopf–Rumpf: bis 10 cm.
Braungraues Fell mit hellgrauem Bauch, körperlanger Schwanz.

Bisamratte
Länge Kopf–Rumpf: bis 35 cm. Rotbraun bis schwarzbraunes Fell, graubrauner Bauch. Seitlich zusammengedrückter Schwanz. Schwimmt sehr gut.

Eichhörnchen
Länge Kopf–Rumpf: bis 24 cm. Hellrotes bis schwarzbraunes Fell, weißer Bauch. Große, behaarte Ohren. Buschiger Schwanz. Lebt in Bäumen. Tagaktiv, hält Winterruhe.

Igel
Länge Kopf–Rumpf: bis 26 cm. Rücken mit Stacheln. Braunes Fell an Bauch und Gesicht. Rüsselartige Schnauze. Nachtaktiv, hält Winterschlaf.

Maulwurf

Länge Kopf–Rumpf: bis 15 cm. Grau-schwarzes, samtiges Fell, das sich in alle Richtungen streichen lässt. Spitze Schnauze. Große Vorderfüße zum Graben.

Wildkaninchen

Länge Kopf–Rumpf: bis 45 cm. Grau-weißer Bauch, Rücken graubraun. Relativ kleine Ohren. Vorder- und Hinterbeine fast gleich lang. Leben in Gruppen.

Hase

Länge Kopf–Rumpf: bis 65 cm. Weißlicher Bauch, Rücken gelb-braun-grau mit schwarzen Sprenkeln. Große Ohren mit schwarzer Spitze, länger als beim Kaninchen. Lange, kräftige Hinterbeine. Einzelgänger.

Säugetiere im Wald

Rotfuchs

Länge Kopf–Rumpf: bis 80 cm. Rotbraunes Fell mit weißem Bauch. Buschiger, langer Schwanz mit weißer Spitze.

Dachs

Länge Kopf–Rumpf: bis 75 cm. Silbergraues Fell mit dunkelgrauem Bauch. Kopf mit schwarz-weißen Längsstreifen. Gedrungener Körper. Schwanz mit weißer Spitze. Nachtaktiv.

Wildschwein

Länge Kopf–Rumpf: bis 170 cm. Graubraunes, borstiges Fell. Langer Kopf mit rüsselartiger Schnauze. Kräftiger Körper. Kleine Ohren.

Eber mit Frischlingen

Hermelin

Länge Kopf–Rumpf: bis 32 cm. Sommerfell: rotbraun mit weißer Unterseite. Winterfell: weiß. Immer mit schwarzer Schwanzspitze. Männchen sind deutlich größer als Weibchen. Hermeline sind meist nachts aktiv.

Reh

Länge Kopf–Rumpf: bis 120 cm. Sommerfell: rotbraun. Winterfell: graubraun. Weißes Hinterteil. Rehböcke haben ein Geweih.

Rehkitz, Ricke und Rehbock

Rothirsch, Hirschkuh, Kalb

Rothirsch

Länge Kopf–Rumpf: bis 210 cm. Sommerfell: rotbraun. Winterfell: graubraun. Hellgelbes Hinterteil. Männliche Rothirsche haben ein großes Geweih.

Amphibien unserer Umgebung

Von der Kaulquappe zum Frosch

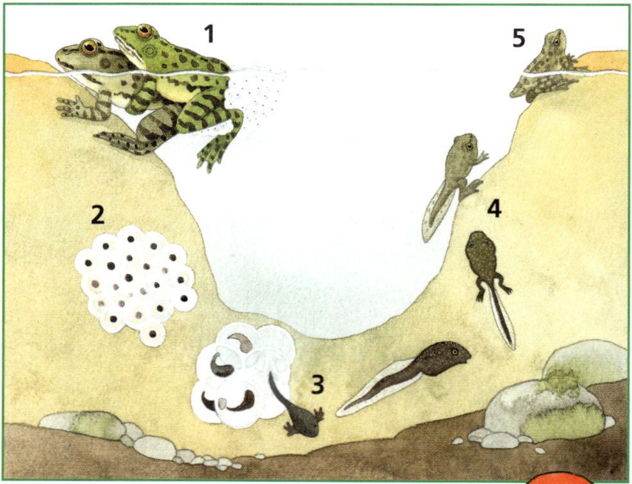

1 Paarung
2 Froschlaich
3 Schlüpfende Kaulquappen
4 Kaulquappe
5 Frosch

Schon gewusst?

Wo leben Amphibien?

a) Nur im Wasser
b) Nur an Land
c) Im Wasser und an Land

Lösung: c)

Laubfrosch

Länge bis 5 cm. Grasgrün, manchmal auch braun, grau oder gelb. Kleinster heimischer Frosch. Meist nachtaktiv. Klettert gut.

Erdkröte

Länge bis 9 cm. Gedrungener Körper. Braune, warzige Oberseite. Am Kopf große Ohrdrüsen. Goldgelbe bis orangerote Iris.

Teichmolch

Länge bis 11 cm. Schlanker Körperbau. Farbe: hellgrau bis hellbraun mit dunklen Flecken.

Feuersalamander

Länge bis 20 cm. Schwarz-gelber, kräftiger Körper. Lebt meist in bergigen Gebieten. Auffällig.

Schöne Falter: Schmetterlinge

Tagpfauenauge
Länge bis 35 mm. Rotbraun. Auf jedem der vier Flügel befindet sich ein auffälliger schwarz-blau-gelber Fleck (Auge).

Kleiner Fuchs
Länge bis 28 mm. Rotbraune Flügel. Vorderflügel: schwarz-gelb-weiß gefleckt. Alle vier Flügel außen blau-schwarz umrandet.

Schon gewusst?

Schmetterlinge leben fast überall auf der Erde. Wo kann man sie nicht entdecken?

a) Am Äquator b) In der Antarktis c) In Europa

Lösung: b)

Admiral

Länge bis 30 mm. Alle vier Flügel sind braunschwarz mit rotem Band. Vorderflügel mit weißen Flecken.

Zitronenfalter

Länge bis 30 mm.
Männchen: zitronengelb.
Weibchen: gelbgrün.
Beide haben einen orangefarbenen Fleck auf jedem Flügel.

Raupe

Was sind Raupen?

Aus den Eiern der Schmetterlinge schlüpfen die Raupen. Die Raupen wachsen und häuten sich mehrmals. Aus der Raupe entwickelt sich mit der Zeit die sogenannte Puppe. Schließlich schlüpft aus der Puppe ein erwachsener Schmetterling.

Käfer in Wald, Feld und Wiese

Siebenpunkt-Marienkäfer

Länge bis 8 mm. Schwarzer Kopf. Roter Körper mit sieben Punkten. Ernährt sich von Blattläusen.

Totengräber

Länge bis 22 mm. Schwarzer Körper, schwarze Fühler. An den Flügeln zwei rote Querstreifen.

Hirschkäfer

Länge bis 75 mm. Männchen mit kräftigen, geweihartigen Oberkiefern. Weibchen viel kleiner, ohne markante Kiefer.

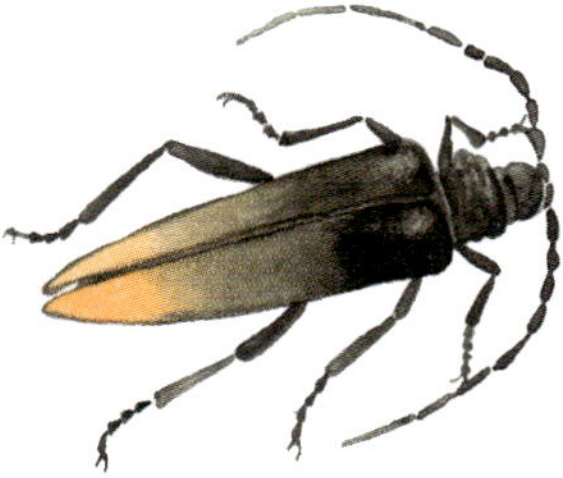

Großer Eichenbock

Länge bis 53 mm. Schwarzbrauner Körper mit langen Fühlern. Schwarze Beine. Große, heimische Käferart. Vom Aussterben bedroht.

Mistkäfer

Länge bis 25 mm. Schwarzblau, glänzende Farbe. Lebt auf Tierdung. Weit verbreitet.

Hautflügler (Bienen und Wespen)

Honigbiene

Länge bis 20 mm. Behaarter, schlanker Körper. Hellbraun- und dunkelbraun geringelt.

Gemeine Wespe

Länge bis 20 mm. Schwarz-gelb geringelt. Ein Hinterleibsring in der Mitte des Körpers ist enger als die übrigen (Wespentaille).

Hornisse

Länge bis 35 mm. Rotbraun gefärbt an Kopf und Brust, gelber Hinterleib. Größte heimische Wespenart.

Dunkle Erdhummel

Länge bis 25 mm. Schwarzer, behaarter Körper mit zwei gelben Ringen. Hinterteil weiß.

Ameisen

Rote Waldameise

Länge der Arbeiterinnen bis 9 mm. Schwarzer Kopf, schwarzer Hinterleib, rotbrauner Rücken. Über 100 000 Ameisen leben in einem Ameisenhaufen. Sie bauen ihn mehr als einen Meter hoch.

Schon gewusst?

Alle Wildbienen, alle Hummelarten, die Hornisse sowie die Rote Waldameise und ihre Nester sind besonders geschützt.

Zweiflügler (Mücken und Fliegen)

Stubenfliege

Länge bis 9 mm. Auffällige, große, rotbraune Augen. Dunkelgrauer Körper. Beine behaart.

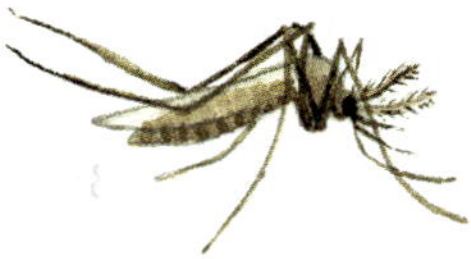

Gemeine Stechmücke

Länge bis 8 mm. Lange Beine. Männchen haben gefiederte Fühler. Nur Weibchen saugen durch den langen Stechrüssel Blut.

Libellen

Große Königslibelle

Länge bis 80 mm. Grüner Kopf, grüne Brust. Übriger Körper blau mit schwarzen Mustern. Helle Flügel. Weit verbreitet.

Spinnentiere

Gartenkreuzspinne
Länge bis 17 mm. Rotbrauner Körper. Weißliche Flecke auf dem Hinterleib bilden ein auffälliges Kreuz. Bekannte und verbreitete Spinnenart. Webt große Netze.

Wasserspinne
Länge bis 15 mm. Graubrauner Körper. Einzige Spinnenart, die im Wasser lebt. Muss regelmäßig auftauchen, um zu atmen, da sie keine Kiemen besitzt.

Weberknecht
Länge bis 9 mm. Hellgrauer Körper mit sehr langen Beinen. Sind Spinnentiere, aber keine Spinnen und können keine Netze weben.

Pixi Wissen Rätselseite

1. Wie entwickelt sich ein Frosch? Schreibe die Zahlen von 1 bis 4 in die Kästchen.

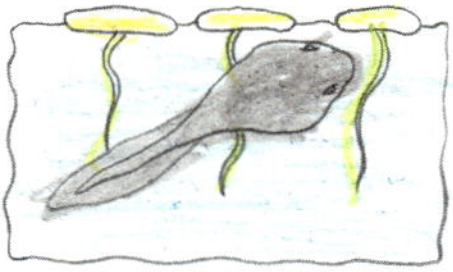

A 2

B 3

C 1

D 4

2. Diese Vögel sind Zugvögel, sie überwintern nicht bei uns. Löse das Rebus und du erhältst den Namen einer weiteren Zugvogelart.

Küstenseeschwalbe

K 2=U, ~~3–17~~

Nachtigall

~~1, 2~~ 4=K, ~~5~~, 6=U, ~~7–10~~

Storch

~~1–4~~, 6=K

3. Die Felle, welcher Säugetiere sind hier abgebildet? Trage die Namen ein und du erhältst den Namen eines mittelgroßen Säugetieres, das die Nähe menschlicher Behausungen sucht.

WEWINSCHILD

FRUTOCHS

HÖRCHEICHNEN

URWALMUF

Das Tier heißt:

								D	E	R

Pixi Wissen Lexikon

Amphibien Die Jungtiere der Amphibien leben im Wasser und atmen durch Kiemen. Fast alle erwachsenen Amphibienarten leben auf dem Land und atmen durch Lungen. Sie haben immer eine feuchte Haut. Amphibien legen Eier, die man Laich nennt.

Frischlinge Neugeborene Wildschweine

Greifvögel Vögel mit scharfen Schnäbeln und besonders kräftigen Füßen, an denen sich spitze, stark gebogene Krallen befinden.

Hautflügler Haben durchscheinende Flügel. Es gibt etwa 115 000 Arten. Bienen, Hummeln, Wespen und Ameisen gehören zu den Hautflüglern.

Kiemen Atmungsorgan von Wassertieren, zum Beispiel von Fischen

Kitz Junges Reh

Kobel Nest des Eichhörnchens

Larve Jugendform einer Tierart

Löffel Die langen Ohren eines Hasen nennt man Löffel.

Ohrdrüsen Manche Amphibienarten haben auffällige Wülste hinter den Augen. Diese Drüsen stellen Giftstoffe her, z. B. um Feinde abzuwehren.

Rehbock Männliches Reh

Ricke Weibliches Reh

Rüttelflug Flugtechnik, mit der manche Greifvögel auf der Stelle fliegen können, zum Beispiel um Beute auszuspähen

Zweiflügler Ordnung der Insekten, zu der über 120 000 Arten gehören. Bei ihnen sind nur die zwei Vorderflügel ausgebildet, die zwei Hinterflügel nicht.

Pixi Wissen Quiz

1. Die größte europäische Nagetierart, der Biber, hat einen auffälligen, platten Schwanz. Wie wird dieser auch genannt?

a) Kelle b) Trommel c) Bratpfanne

2. Die Schwalbe ist ein Zugvogel, der den Frühling und Sommer bei uns verbringt. Eine alte Bauernregel besagt: Wenn Schwalben tief fliegen, …

a) wird das Wetter irgendwie.
b) kann uns das ganz egal sein.
c) wird das Wetter schlecht.

3. Wie heißt die einzige bei uns lebende Giftschlange?

a) Giftnatter b) Blindschleiche c) Kreuzotter

4. Wenn es dämmert, kann man Fledermäuse am Himmel gut beobachten. Sie gehören zu den …

a) Vampiren. b) Säugetieren. c) Insekten.

5. Die bekannteste und häufigste Spechtart, die bei uns in Wäldern, Parks und Gärten lebt, ist der …

a) Klopfspecht. b) Buntspecht. c) Bastelspecht.

6. Wie alt können Feuersalamander in freier Wildbahn werden?

a) Über 20 Jahre b) Über 2 Jahre c) Über 2 Monate

7. Wanzen sind Insekten. Welche Wanzenart ist hier zu sehen?

a) Eine Rothaarige Zebrawanze
b) Eine Rotbeinige Baumwanze
c) Eine Langweilige Punktwanze

8. Welche Fischart hat verschiedene Unterarten, die in Meeren, Seen und auch Flüssen vorkommen?

a) Bachschmerle
b) Flegel
c) Forelle

Pixi Wissen präsentiert

Bd. 1
Pferde und Ponys
ISBN 978-3-551-24051-4

Bd. 2
Piraten
ISBN 978-3-551-24052-1

Bd. 3
Die Erde
ISBN 978-3-551-24053-8

Bd. 4
Ballett
ISBN 978-3-551-24054-5

Bd. 6
Vulkane
ISBN 978-3-551-24056-9

Bd. 7
Tierrekorde
ISBN 978-3-551-24057-6

Bd. 8
Wale und Delfine
ISBN 978-3-551-24058-3

Bd. 9
Fairness und Benehmen
ISBN 978-3-551-24059-0

Bd. 10
Planeten und Sterne
ISBN 978-3-551-24060-6

Bd. 11
Das Meer
ISBN 978-3-551-24061-3

Bd. 12
Tiefsee
ISBN 978-3-551-24062-0

Bd. 13
Ritter
ISBN 978-3-551-24063-7

Bd. 15
Fliegen und Flugzeuge
ISBN 978-3-551-24065-1

Bd. 16
Klima und Klimawandel
ISBN 978-3-551-24066-8

Bd. 17 Tiere in Garten und Wald
ISBN 978-3-551-24067-5

Bd. 19
Mondlandung
ISBN 978-3-551-24069-9

Bd. 20
Reiten
ISBN 978-3-551-24070-5

Bd. 21
Dinosaurier
ISBN 978-3-551-24071-2

Bd. 22
Das Wetter
ISBN 978-3-551-24072-9

Bd. 23
Fußball
ISBN 978-3-551-24073-6

Bd. 24
Streiten und Vertragen
ISBN 978-3-551-24074-3

Bd. 25
Mein Körper
ISBN 978-3-551-24075-0

Bd. 26
Der Fall der Mauer
ISBN 978-3-551-24076-7

Bd. 27
Tierkinder
ISBN 978-3-551-24077-4

Bd. 28
Eisenbahn
ISBN 978-3-551-24078-1

Bd. 29
Die Wikinger
ISBN 978-3-551-24079-8

Bd. 30
Unsere Tiere
ISBN 978-3-551-24080-4